Mark-Oliver Würtz

Formen, Aufbau, Probleme in Anlehnung an eine SAP Sy

I0013293

Mark-Oliver Würtz

Formen, Aufbau, Probleme in Anlehnung an eine SAP Systemeinführung

GRIN Verlag

Bibliografische Information der Deutschen Nationalbibliothek: Die Deutsche Bibliothek verzeichnet diese Publikation in der Deutschen Nationalbibliografie; detaillierte bibliografische Daten sind im Internet über http://dnb.d-nb.de/ abrufbar.

1. Auflage 1998
Copyright © 1998 GRIN Verlag
http://www.grin.com/
Druck und Bindung: Books on Demand GmbH, Norderstedt Germany
ISBN 978-3-638-72314-5

Projekt

**Formen , Aufbau, Probleme
in Anlehnung an eine SAP Systemeinführung**

HAUSARBEIT

Hochschule Bremen
Fachbereich Wirtschaft

Studiengang Betriebswirtschaft

Hausarbeit im Projekt: SAP R/3

WS 1998/1999

vorgelegt von : Mark-Oliver Würtz

aus :   Mark-Oliver Würtz

————————

Stuhr, den 25.10.1998

Inhaltsverzeichnis

1 Projekt in der Organisationsstruktur des Unternehmens

In Zeiten des harten Wettbewerbs, in den wir heute leben, reichen die traditionellen Organisationsstrukturen oft nicht aus um in Konkurrenzkampf zu bestehen. Es werden flexiblere, leistungsfähigere Organisationsformen gesucht. Die Projektorganisation gehört zu solchen Möglichkeiten. In dieser Abhandlung wird die Projektorganisation in den Strukturen des Unternehmens vorgestellt, derer Formen, Aufgaben, Ziele, Ablauf, Erfolgsfaktoren und Probleme.

1.1 Primärorganisation[1]

Primärorganisation wird definiert als die aufbauorganisatorische Grundstruktur eines Unternehmens, die durch Sekundärorganisation eventuell ergänzt wird. Je nach Aufgabenverteilung unterscheidet man zwischen:
- Funktionalorganisation
- Spartenorganisation (Objektorganisation, Geschäftsbereichsorganisation)

Ob ein Unternehmen nach einem Funktionalmodell oder nach einem Objektmodell organisiert ist, hängt davon ab welche Abteilungen auf der zweiten hierarchischen Ebene, direkt unter dem obersten Leitungsorgan, gebildet worden sind.

1.1.1 Verrichtungsorganisation

In diesem Modell werden Abteilungen auf der zweiten Ebene nach Funktionen gebildet z.B. Beschaffung, Produktion, Distribution, Verwaltung. Auf der dritten Ebene nach Produkten. Dieses Modell wird in kleinen und mittleren Unternehmen angewandt.[2]

---

[1] Vgl. Staehle, W.H., Management, 1991, S. 693
[2] Vgl. Staehle, W.H., Management, 1991, S. 693

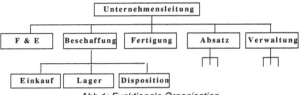

Abb.1: Funktionale Organisation

1.1.2 Spartenorganisation/Geschäftsbereichsorganisation

In diesem Modell werden Abteilungen auf der zweiten Ebene nach Objekten z.B. Produkten, Projekten, Kunden (sog. Objektmodell), oder nach Regionen und dann nach Produkttypen (sog. Regionalmodell) gegliedert. Diese Organisationsstruktur ist typisch für große Unternehmen mit heterogenem Produktionsprogramm als Folge der Diversifikation.

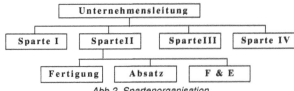

Abb.2. Spartenorganisation

1.2 Sekundärorganisation

Oft reicht die Struktur der Primärorganisation nicht um die meistens zeitlich begrenzten Aufgaben eines Unternehmens zu bewältigen. In diesem Fall wird sie um die -Sekundärorganisation ergänzt. Existieren die beiden Strukturierungskonzepte längerfristig nebeneinander, hat man dann mit einer Dualen Organisationsform zu tun.

Die Sekundärorganisation unterscheidet Staehle nach den Kriterien der Langlebigkeit und Kurzlebigkeit. Diese Abgrenzung erklärt er einerseits mit der Problematik des Produktlebenszyklus, der mehrere Jahre dauert, andererseits müssen zeitlich fixierte, komplexe Projekte bewältigt werden. Staehle beschreibt zwei langlebigen Formen der Sekundärorganisation, die Produktmanagementorganisation und die Kundenmanagementorganisation.[3]

1.2.1 Produktmanagementorganisation

Produktmanagementorganisation findet Anwendung dort, wo nach Funktionen strukturierte Primärorganisation eine starke Marketing- bzw. Marktorientierung aufweist, d.h. „...wenn mehrere Produkte des Produktionsprogramms überwiegend im gleichen Markt abgesetzt werden."[4] Einzelne Produkte oder Produktgruppen stehen im Mittelpunkt und alle Koordinationsaktivitäten werden funktionsübergreifend durchgeführt. Diese Organisationsform wurde im 1927 durch Procter & Gamble entwickelt und wird vor allem in der Konsumgüterindustrie angewendet. Die Produkt-Manager, die unter den Marketingleitern in einer Stabstelle oder einer Linieninstanz plaziert werden, befassen sich mit produktbezogener Budgeterstellung, Marketingkonzepten (Entwicklung, Durchführung, Kontrolle, Korrektur), Beobachtung der Verhaltens der Käufer und der Konkurrenz Unterstützung anderer Abteilungen bei Produktentwiklung sowie Verpackungsgestalltung. „Angebotsleistung" steht im Mittelpunkt.[5]

1.2.2 Kundenmanagementorganisation

Bei dieser Form der Organisation steht der Kunde oder Kundengruppen im Mittelpunkt. Es soll nur ein Ansprechpartner für einen Kunden bzw. eine Kundengruppe zur Verfügung stehen - der Kundenmanager. Seine Aufgabe umfaßt Erstellung von Marketingkonzepten, Kundenbetreuung. Diese Organisationsform wird ergänzend oder alternativ zum Produktmanagement eingesetzt. Probleme können auftreten wenn Kundenmanagement und Produktmanagement miteinander funktionieren sollen, da die Kundenmanager dem Vertrieb unterliegen, Produktmanager dagegen dem Marketing.[6]

---

[3] Vgl. Staehle, W.H., Management, 1991, S. 708
[4] Vgl. Schulte-Zurhausen, M., Organisation, 1995, S. 255
[5] Vgl. Schulte-Zurhausen, M., Organisation, 1995, S. 255
[6] Vgl. Schulte-Zurhausen, M., Organisation, 1995, S. 260

1.3 Kurzlebige Form der Sekundärorganisation - Projekt

Zur Bewältigung komplexer, innovativer, zeitbegrenzter Aufgaben braucht man eine bestimmte, flexible Organisationsform. Mit großem Erfolg wurde dazu in USA Projektorganisation entwickelt. Erstmals angewandt in der Militär- und Raumfahrtindustrie (Bau der Atombombe, Apollo - Raumfahrtprogramm) ist der Projekt in den 60en und 70en Jahren ein unverzichtbares Instrumentarium in fast jedem Unternehmen geworden. Ob es die Entwicklung eines neuen Produktes ist, oder Einführung eines neuen EDV-Systems, Bau einer Anlage, Restrukturierung - Projekt wird überall mit steigender Tendenz angewandt.[7]

2 Formen der Projektorganisation

Es werden drei Hauptformen der Projektorganisation unterschieden. Die Abgrenzung erfolgt aufgrund von Kompetenzenaufteilung der Projektleiter, die wiederum von Projekteigenschaften abhängig sind. In der unternehmerischen Praxis treten oft Mischformen auf. Die Organisationsform wird an eine neue Projektsituation angepaßt. Je nach dem an welcher Projektstufe gearbeitet wird, wird auch entsprechende Projektorganisationsform angewandt. Oft werden auch Projekte ohne Verwendung einer speziellen Organisationsform realisiert.

2.1 Einfluß-Projektorganisation/Stabsprojektorganisation

Die Stabsprojektorganisation ist die Weiterentwicklung der Stablinienorganisation. „Statt eines Stabes wird eine Projektkoordination tätig, die ihren Einfluß auf die Linie weder durch funktionale noch disziplinäre Weisungsrechte, sondern lediglich über den Austausch von koordinierenden Informationen ausübt."[8]

---

[7] Vgl. Frese, E., Grundlagen der Organisation, 1995, S. 471
[8] Vgl. Bleicher, K., Organisation, 1991, S. 143

Der Projektleiter in diesem Modell wird in der Regel direkt der obersten Leitung angegliedert; er übt nur eine Koordinierungsfunktion aus, sammelt Informationen, leitet diese weiter, berät die Unternehmensleitung, bereitet die Entscheidungen vor; hat keine Weisungsrechte. Die Stabsprojektorganisation verfügt über schwach ausgeprägte Ressourcenautonomie und meistens keine interne Strukturierung. Die Linienvorgesetzten sind für das Projekt verantwortlich, aber sind keine Mitglieder des Projektstabes.

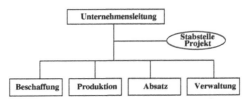

Abb.3: Stabsprojektorganisation; Quelle; Frese, Grundlagen der Organisation, 1995, S. 478

2.2 Matrix Organisation

In der Matrixorganisationsform wird ein Problem bzw. Aufgabe simultan nach Funktionen und Objekten bearbeitet. Es wird zwischen ständigen und rotierenden Matrix - Strukturen unterschieden.[9]

Ständige Matrix - Strukturen charakterisiert längerfristige Stabilität der Strukturen, Stellen und Personen. Diese Organisationsform zeichnet Markenartikel-Unternehmen aus. Rotierende Matrix Strukturen dagegen, werden für befristete Aufgaben und Projekte, bei häufigem Stellen- und Personenwechsel verwendet.

Matrix Organisationsstruktur entsteht, laut Frese, indem die nach Funktionen gegliederte Organisationsstruktur von einer Projektstruktur überlagert wird. Vertikale Linien werden mit horizontalen Linien verbunden in ein kombiniertes Zweiliniensystem. Die Projektmitarbeiter bleiben in ihren Abteilungen und bekommen Anweisungen sowohl von ihren Fachabteilungsleiter als auch von den Projektleiter.[10]

[9] Vgl. Staehle, W.H., Management, 1991, S. 666
[10] Vgl. Frese, E., Grundlagen der Organisation, 1995, S. 480

Die Projektleiter sind für Planung und Kontrolle zuständig, befassen sich mit dem **Was Wann** gemacht werden soll. Sie müssen Ressourcen der Linie in Anspruch nehmen. Die Linienleiter dagegen sind für Projektdurchführung zuständig; **Wer** für Projektaufgaben delegiert, **Wie** eine Aufgabe durchgeführt werden sollte das sind die Problembereiche für die Linienleiter.

Kompetenzüberschneidungen und damit verbundene Konflikte sind vorprogrammiert, die dann durch höhere Instanz beseitigt werden müssen. Matrix - Projektorganisation wird im Anlagebau, in der Luft- und Raumfahrttechnik angewandt; da im Forschung und Entwicklung, Marketing, Vertrieb.

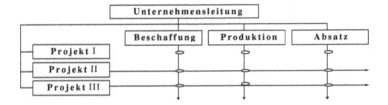

Abb. 4: Matrix-Projektorganisation
Quelle: Frese, Grundlagen der Organisation, 1995, S. 479

2.3 Reine Projektorganisation

Reine Projektorganisation ist besonders für große Projekte geeignet. In diesem Modell wird auf die Dauer des Projektes eine Linienorganisation auf Zeit geschaffen. Mitarbeiter, Spezialisten aus anderen Bereichen des Unternehmens werden in das neue Projektabteilung delegiert um an dem Projekt arbeiten zu können. Oft werden auch Experten, Berater außerhalb des Unternehmens zu Mitarbeit an dem Projekt verpflichtet.

Die Projektmitarbeiter unterliegen einem Projektleiter, der mit voller, obwohl fachlichbegrenzter Weisungsbefugnis ausgestattet ist; disziplinarisch unterliegen sie aber weiter ihren Vorgesetzten. Die Reine Projekt Organisation ist im Gegensatz zur Stabsprojekt- und Matrix - Projektorganisation Ressourcen unabhängig d.h. von anderen Abteilungen unabhängig. Diese Organisationsform bringt das Problem der Wiedereingliederung der Projektmitarbeiter in die Unternehmensorganisation nach Beendigung des Projektes mit sich.

Es ist durchaus üblich das Reine Projektorganisation auf die Projektdauer in einer selbständige juristische Person umgewandelt wird, die nach dem Projektende aufgelöst oder sich weiterhin mit Projekten beschäftigen wird.

Abb.5, Reine Projektorganisation

2.4 Überblick über die Projektorganisationsformen

Die nachstehenden zwei Tabellen geben einen kompakten Überblick über die Projektorganisationsformen.

	Form der Projektorganisation			
Projektkriterien	ohne PO	Stabs-PO	Matrix-PO	Reine-PO
Bedeutung	Gering	mittel	groß	sehr groß
Umfang	Gering	mittel	groß	sehr groß
Unsicherheit	Gering	mittel	groß	sehr groß
Zeitdruck	Gering	gering	mittel	hoch
Projektdauer	Kurz	kurz	mittel	lang
Komplexität	sehr gering	gering	mittel	hoch
Zentrale Steuerung	sehr gering	mittel	groß	sehr groß
Mitarbeitereinsatz	nebenamtlich	nebenamtlich	teilzeit	vollzeit
Persönlichkeit des Projektleiters	nicht relevant Sprecher	Kaum relevant Koordinator	qualifizierter Projektleiter	sehr fähiger Projektleiter

Abb.7: Wahlkriterien der Projektorganisation
Quelle: Schulte-Zurhausen, Organisation, 1995, S. 369

Kompetenzausmaß					
Projektmanager	entscheidet	Entscheidet	entscheidet	wird konsultiert	wird informiert
Linieninstanz	wird informiert	wird konsultiert	entscheidet	entscheidet	entscheidet
Aufgabeninhalt Was?	RPO MPO	MPO			SPO
zeitlicher Ablauf Wann?	RPO MPO	MPO			SPO
personelle Zuordnung Wer?	RPO	MPO	MPO	MPO	SPO
Verfahren Wie?	RPO			MPO	MPO SPO
Ort Wo?	RPO	MPO	MPO		SPO
Art & Menge der Sachmittel Womit?	RPO			MPO	MPO SPO
Beschaffung der Personen & Mittel - Woher?				RPO MPO	MPO SPO
Verwendung der Personen & Mittel - Wohin?				RPO MPO	MPO SPO

SPO - Stabsprojektorganisation; MPO - Matrix-Projektorganisation; RPO - Reine Projektorganisation

Abb. 8: Kompetenzaufteilung bei den ProjektorganisationsformenQuelle: Schulte-Zurhausen, Organisation, 1995, S. 367

2.5 Teamorganisation

Teamorganisationsform gewinnt immer mehr an Bedeutung. Sie wird, laut Bühner,[11] für Aufgaben angewandt die neu und schlecht zu strukturieren sind. Hierarchiefreie Teams arbeiten ohne Projektleiter in gleichberechtigten Arbeitsgruppen. Alle Projektmitarbeiter in dieser Organisationsform sind gleichermaßen für die gemeinsame Aufgabe verantwortlich, arbeiten permanent in speziell dazu gesonderten Räumlichkeiten um die sachliche und zeitliche Ziele zu erreichen. Diese Projektteams setzen sich aus Fachleuten der Linienorganisation zusammen, die aber disziplinarisch den entsprechenden Abteilungsleiter unterliegen. „Matrixtypische Verknüpfungen zwischen der Organisation und den Teams sind in der Weise möglich, daß Fachabteilungen der Organisation die Arbeit der Teams unterstützen." Das Projektteam plant, koordiniert, kontrolliert die Aufgaben in allen betroffenen Abteilungen des Unternehmens, aber für die Erfüllung sind die Fachinstanzen zuständig.

3   Projektmanagement

Um ein Projekt erfolgreich durchführen und nachher implementieren zu können, den langfristigen, strategischen Erfolg des Projektes zu garantieren muß das Vorhaben entsprechend geplant, Ziele gesetzt werden, Probleme erkannt, und Aufgaben gestellt, geeignete Organisationsform gewählt werden. Sorgfältige Planung, personale Besetzung nicht nur der Position des Projektleiters, Kontrolle, garantieren den Erfolg und verhindern, daß das Projekt sein Eigenleben entwickelt. Diese Aufgaben werden im Rahmen des Projekt - Managements gelöst.

3.1 Ablauf- und Aufbauplanung

„Unter Planung versteht man in der Betriebswirtschaftslehre die Ordnung, Vorbereitung oder gedankliche Vorwegnahme betrieblicher Aktivitäten, um Aufgaben und Ziele sicher und ohne
Umwege zu erreichen"[12]

---

[11] Vgl. Bühner, R., Betriebswirtschaftliche Organisationslehre, 1991, S. 215
[12] Vgl. Schwarze, J., Netzplantechnik, 1990, S. 28

Die **Ablaufplanung** stellt die Elemente aus der Aufbauplanung in eine zeitliche Reihenfolge. Sie legt fest welche Aktivitäten voneinander abhängig sind und welche detailliert werden müssen. Die Ablaufplanung wird mit Hilfe des Netzplanes realisiert, einem hilfreichen Instrument zu Bewältigung komplexer Aufgaben.

Ein **Aufbauplan** legt die Strukturen für die Organisation und Steuerung fest, und gliedert das Projekt in einzelne, hierarchisch angeordnete Strukturelemente. Bei SAP - Einführung wird der Aufbauplan mit Hilfe des Projektstukturplans gemacht, wobei die Kriterien der Gliederung sich nach der Art und Komplexität des Projektes richten, z.b. nach Verantwortung und Strukturen der beteiligten Abteilungen oder nach fertigungs- und montagebedingten Zusammenhängen.

3.2 Projektstrukturplan

Projektstrukturplan (work breakdown structure) ist ein formales Hilfsmittel mit dem ein Projekt überschaubar wird; operative Basis für nächste Schritte. Er stellt ein Modell des Projektes dar, das die zu erfüllenden Projektleistungen, Vorgaben und Maßnahmen hierarchisch aufbaut. Er ist die Projektgrundlage für Organisation und Koordination und zeigt Arbeitsaufwand, Zeitaufwand und Kostenaufwand in überschaubarer Form. Die Projektstruktur kann nach Phasen, Funktionen und Objekten aufgebaut sein.

Phasenaufbau ist logisch strukturiert. Frese unterscheidet Bearbeitung der Aktivitäten der Projektidee, Planung des Projektes in allen Einzelheiten; nach der Planungsphase folgt die Projektrealisationsphase, die durch Phase der Projektbetreuung bzw. der Projektnutzung abgeschlossen wird. Diese grobe Gliederung wird natürlich projektspezifisch unterteilt.Man kann die Projektabwicklung beschleunigen, indem man die sequentiellen Projektphasen schneller durchführen läßt, was im Zeitalter „der Hochtechnologie aufgrund der Komplexität und des hohen Integrationsgrades der gestellten Aufgaben immer weniger möglich" ist.[13] Man kann die Beschleunigung auch erreichen durch das Überlappen mehrerer Projektphasen, indem die nächste Phase bereits vor Abschluß der vorherigen Phase beginnt.[14]

---

[13] Vgl. Bühner, R., Betriebswirtschaftliche Organisation, 1991, S. 210
[14] Vgl. Bühner, R., Betriebswirtschaftliche Organisation, 1991, S. 210

Funktionsaufbau bezieht sich auf „...funktional gleichartige Aufgaben: Phasenvorlauf, Konzeptphase (inkl. Entwicklung der Basiskonfiguration), Definitionsphase, Entwicklungsphase, Beschaffungs- bzw. Produktionsphase, Nutzungsphase.(...) Die Phasen sind durch „Meilensteine" miteinander verbunden.sie markieren Vorentscheidungen über den Eintritt in die nächste Phase („go"), die Wiederholung bereits durchlaufener Phasen oder den Projektabbruch („stop")."[15] Schulte - Zurhausen[16] unterteilt den funktionsorientierten Projektstrukturplan in Vorstudie, Hauptstudie, Teilstudien, Realisierung und Einführung.

Objektorientierte „Projektstrukturpläne spalten, das Leistungsziel (Endobjekt) in Subziele (Teilobjekte) auf, d.h. es entsteht eine „Stückliste" der Projektaufgabe. Die Tiefe der Leistungszielgliederung ist vor allem eine Funktion der Komplexität des Leistungsziels und des Grades der Arbeitsteilung bei der Aufgabenerfüllung. (   ) Die ausgewiesenen Teilobjekte können als selbständige **Aufgabenpakete** (Work Packages) an einzelne Auftragnehmer vergeben und disponiert werden.zu Sicherung der horizontalen und vertikalen Kompatibilität der Aufgabenpakete bedarf es eines leistungsfähigen Schnittstellenmanagements (insbes. Bei Änderungen)."

Abb.9: Projektstrukturierung nach Projektstufen und Objekten
Quelle: Schulte-Zurhausen, Organisation, 1995, S.374

---

[15] Vgl. Frese, E., Handwörterbuch der Organisation, Grün, O., Sp. 2111
[16] Vgl. Schulte-Zurhausen, M., Organisation, 1995, S. 373

3.3 Projektaufgaben und Ziele

Definieren von Aufgaben und Zielsetzungen, die mit Hilfe des Projekts gelöst werden sollen gehören zu den grundlegenden Fragestellungen. Warum wird das Projekt gestartet, welchen Nutzen soll es mit sich bringen soll genaustes analysiert werden.

> „Projektaufgaben sind alle Aktivitäten, die erforderlich sind, um das vorab definierte Projektergebnis zu realisieren."[17]

Frese unterscheidet zwischen Planungsaufgaben und Realisationsaufgaben. Realisationsaufgaben unterteilt er in Aufgaben für die Beschaffung und Einsatz von Ressourcen einerseits, andererseits in solche die Realisation des Projektziels im Mittelpunkt haben.[18]

Es werden interne oder externe Projektaufgaben unterschieden, mit dem Auftraggeber innerhalb oder außerhalb des projektausführenden Unternehmen. Bleicher definiert die externe Projekte als solche, „...die ihren Auftraggeber außerhalb der Unternehmung haben" und die ihre „Marktleistung als Ergebnis" aufweisen. Interne Projekte haben ihren Auftraggeber innerhalb des Unternehmens und sind eng mit der internen Rationalisierung, Umstrukturierung verbunden.[19]

3.4 Aufgabencharakteristik

Die Aufgaben werden im allgemeinen durch Komplexität, Singularität und originäre Zielsysteme charakterisiert.[20] Bei der SAP Einführung werden die Aufgaben mit hoher **Komplexität** gekennzeichnet[21]

---

[17] Vgl. Frese, E., Grundlagen der Organisation, 1995, S. 471
[18] Vgl. Frese, E., Grondlagen der Organisation, 1995, S. 470
[19] Vgl. Bleicher, K., Organisation, 1991, S. 137
[20] Vgl. Frese, E., Handwörterbuch der Organisation, Grün, O., Sp. 2102
[21] Vgl. SAP, Online Dokumentation

Die quantitative Komplexität umfaßt:
- die Zahl der zur Aufgabenerfüllung notwendigen Aktivitäten
- die Zahl der am Projekt beteiligten Personen, Institutionen und Projektunternehmen
- benötigte Zeit
- anfallenden Kosten

Die qualitative Komplexität beschreibt:
- Interdependenzen, d.h. wechselseitige Abhängigkeiten; der Teilaufgaben
- Interdisziplinarität, d.h. Verschiedenartigkeit des zu ihrer Bewältigung erforderlichen Know-how (Fachseite, DV-Seite, Management)
- Verschiedenartigkeit der am Projekt arbeitenden Projektunternehmen
- Unterscheidung in externe und interne Mitarbeiter
- Verfolgung von individuellen Interessen, Zielsetzungen, Sichten

Singularität der Projektaufgabe bedeutet, laut Grün, „daß die Aufgabe für die betrachtete Institution neu (Innovation) bzw. unter besonderen Restriktionen (z.B. Zeitdruck, extreme Ressourcenknappheit) zu erledigen ist."[22]
In unserem Fall haben wir mit Einführung eines neues Sofwarestandardsystems zu tun, der das alte Individualsystem mit unterschiedlich dokumentierten Anwendungssystemen, mit heterogenen Hard- bzw. Softwarenplatformen und unterschiedlicher Funktionalität in kürzester Zeit ersetzen soll. Diese Aufgabe kann deswegen von anderen Aufgaben isoliert betrachtet werden ist aber risikobehaftet.

Originäre, die sog. **Hauptziele**, die auch für Projektaufgaben gelten, werden, laut Grün, in drei Arten unterteilt:

Leistungs- bzw.	Kosten- bzw. Formalziele	Terminziele
beschäftigen sich mit		
der Art und Menge der zu erstellenden Güter oder Dienstleistungen	dem „Erfolg";der wirtschaftlich anzustreben ist, mit Einschließung von Aufwands-, Ausgaben- und Finanzierungskosten	denZeitpunkten des Beginns des Endes und der Zwischenterminen des Projektes

---

[22] Vgl. Frese, E., Handwörterbuch der Organisation, Grün, O., Sp. 2103

Ziele werden auch gewichtet; „sowohl die Teilziele untereinander (z.B. Priorität des Leistungs- und des Terminziels vor dem Kostenziel) als auch eine Gewichtung der Projektziele im Hinblick auf die Gesamtziele der Projektunternehmer."[23]

3.4.1 Zielsetzungen bei der SAP Einführung[24]

Bevor man mit der Zielsetzung beginnt um optimal die SAP - Einführung planen zu können soll die Ausgangssituation, die Ist - Situation des Betriebes analysiert werden. Erfahrungsgemäß wird es nach dem taylorischem Organisationsprinzip gearbeitet in historisch entstandenen Aufbau- bzw. Ablaufstrukturen mit unzureichenden Dokumentation. Bei den Geschäftsprozessen, den Zuständigkeiten, innerhalb der fachlichen und organisatorischen Zusammenhängen fehlt die Transparenz, es herrscht unzureichendes Verständnis.

Bei der vollständigen Umstrukturierung eines Unternehmens durch z. Bsp. Einführung des SAP Systems, was für ein Unternehmen ein Projekt mit großer Komplexität und einer strategischen Bedeutung bedeutet, müssen genaue Zielvorgaben zwischen Auftraggeber und Auftragnehmer vereinbart werden. Die Zielvorgaben stellen eine Grundlage für Strukturierung des Aufbaus und des Ablaufs des Projektes dar.
Bei der SAP Einführung werden spezifische Ziele angestrebt:

- die Bereitstellung ausreichender Funktionalität
- Verbesserung von betriebswirtschaftlichen Grundkonzepten
- Verbesserung der Geschäftsprozesse und der organisatorischen Abläufe
- durchgängige Unterstützung der Geschäftsprozesse im Hinblick auf die Unternehmens- bzw. Geschäftsbereichsziele
- optimaler, unternehmensspezifischer Einsatz der SAP Software unter Beachtung:
    - kurzer Einführungs- bzw. Bereitstellungszeiten sowie
    - niedriger Einführungs- bzw. Bereitstelllungskosten

[23] Vgl. Frese, E., Handwörterbuch der Organisation, Grün, O., Sp. 2103
[24] Vgl. SAP Online Dokumentation

3.5 Koordination und Kontrolle der Projektgruppe im Unternehmen

Um den Erfolg des Projektes zu gewährleisten muß das Unternehmen dafür Sorge tragen, das Projekt mit dem optimalen Personal zu besetzen, Projektphasen koordinieren, kontrollieren ob das Projekt kein Eigenleben entwickelt, daß alle Projektbeteiligte miteinander koordinieren.

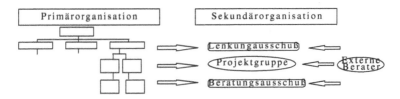

Abb.9, Projektbeteiligte
Quelle:Schulte-Zurhausen, Organisation, 1995, S. 354

3.5.1 Personelle Besetzung

Da ein Projekt eine Organisationsform auf Zeit darstellt verlangt er eine Fülle von personellen Vorausetzungen, Eigenschaften die sowohl Projektmitarbeiter als auch Projektleiter mit sich bringen sollen. Die Projektmitarbeiter sollen idealerweise kreativ, innovationsfreudig, flexibel, kontaktfreudig sein, sich einordnen und aktiv in der Gruppe mitarbeiten können, spezielle Fachkenntnisse haben.

Die Projektleiter sollen sich durch dynamische, entscheidungsfreudige, kooperative Persönlichkeit unterscheiden, Überzeugungskraft, Motivationsfähigkeit, Einfühlungsvermögen, Organisations- und Improvisationsgeschick besitzen. Der Projektleiter hat eine besonders schwere Aufgabe im Hinblick auf das Führen von Mitarbeiter. Die Projektgruppe setzt sich ja zusammen aus den Abteilunngsleitern, verschiedenen Spezialisten, es kommen, wie bei dem SAP Projekt, Berater, Experten aus anderen Unternehmen, manche arbeiten Vollzeit, manche nur Teilzeit, neben dem Personalstamm kommen während des Projektverlaufs zusätzliche Mitarbeiter hinzu, in verschiedenen Projektphasen je nach Projektaufgabe.[25]

---

[25] Vgl. Bleicher, K., Organisation, 1991, S. 147

Konflikte sind also vorprogrammiert. Um die zu minimieren ist es wichtig von Anfang an eine gute, kreative, offene Atmosphäre zu schaffen, besonders in dem Projektkernteam. Um das zu erreichen werden dazu spezielle Workshops organisiert, wo mit Hilfe von z.b. MetaPlan - Methode oder CATeams - Methode Projektgruppen zusammen geschweißt werden sollen. Das soll durch gemeinsame Problemnennungen, gemeinsame Formulieren von Zielen, Gespräche, Konfliktbewältigungen erreicht werden.

3.5.2 Projektkoordination

Laut Staehle[26] wird ein Projekt geplant, koordiniert und kontrolliert durch Entscheidungsgremien, Planungsausschuß und Informationsgruppen.

Organ	Zusammensetzung	Aufgaben
Entscheidungsgremium i.d.R. Lenkungsausschuß	2-3 Mietglieder des Vorstandes bzw. oberstes Managements	• Tagung: paar mal pro Jahr • Sicherung des Plannungsspielraums der Projektgruppe und Projektmitarbeiter
Planungsausschuß	2-7 Manager aus den vom Projekt betroffenen Abteilungen	• Tagung: paar mal pro Monat • Lieferung zusätzliches Fachwissens und Problembewußtseins • Schätzung der Realisationsschancen für erarbeitete Lösungen

---

[26] Vgl. Staehle, W. H., Management, 1991, S. 713

Informationsgruppen	jeweils 6-12 Meinungsbildner	• Information der Betroffenen, Nutzer über den Fortschritt, Aufwand und Qualität der Leistungen der Projektarbeit; • Überwachung der Projektergebnisse in Bezug auf die Gesamtorganisation

3.5.3 Informationsinstrumente

Das gesamte, betroffene Umfeld wird in Kenntnis gesetzt über den aktuellen Projektstand mit Hilfe von Entscheidungsberichten und Fortschrittsberichten. Informationsinstrumente helfen organisatorisch bei dem Projektverlauf. Es sind nach Haberfellner:[27]

Entscheidungsberichte werden nach den sog. „Meilensteinen" (wichtige Entwicklungsschritte; bei Phasenkonzepten nach Vor-,/Haupt-,/und wichtigen Detailstudien) verfaßt. Sie fassen die Ergebnisse zusammen, analysieren die Situation, konkretisieren und detaillieren aufgrund derer die Projektziele, leiten daraus die Lösungen ab, bewerten die Lösungsvarianten (Nutzwertanalyse), schlagen Vorgehensweise vor.

Fortschrittsberichte informieren regelmäßig, paar mal im Monat, über den Stand der Arbeiten mit Hilfe von Termintrenddiagrammen bzw. Zeit-, Kosten-Fortschrittsdiagrammen. Fortschrittsberichte vergleichen den tatsächlichen finanziellen Aufwand und den Aufwand an Arbeitsleistung mit den geplanten, nennen eventuelle Probleme (Kosten-, Terminüberschreitungen), weisen auf erforderliche Maßnahmen hin, die mit Hilfe von außen durchgeführt werden sollen.

Die Projektgruppe wird intern über den aktuellen Stand mit Hilfe von ergebnis-oder handlungsorientierten **Protokollen** der Projektbesprechungen und mit Hilfe von mitlaufender Dokumentation informiert.

---

[27] Vgl. Haberfellner, R., Handwörterbuch der Organisation, Sp. 2097

Abschlußberichte sollen zum Schluß jedes Projektes verfaßt werden, die auf das Projektverlauf zurückblicken, sich damit kritisch auseinandersetzen, analysieren, fassen das zusammen was bisher geschafft wurde.

4 Projektimplementierung am Beispiel der SAP Einführung

Die implementierung der prozeßorientierten Einführung von Standardsoftware wird durch folgende Merkmale charakterisiert[28]:

- die Einführung wird durch strategische Unternehmensziele gesteuert
- Geschäftsprozeße werden ganzheitlich realisiert statt Realisierung einzelner Funktionsbereiche
- die betriebswirtschaftliche Aspekte der Einführung werden bekannt gegeben
- die betriebswirtschaftliche Inhalte der Standardsoftware werden konsequent genutzt
- die Konzeption wird detailliert und konkretisiert
- Einführung soll in kleinen Schritten erfolgen um schnelle Erfolge zu erzielen und Risiko zu verringern
- Vorgehensweise soll Anwendungsgetrieben sein
- die Konzeptions- und Qualifizierungsaktivitäten sollen integriert sein

Wenn die Nutzer laufend über den Projektfortschritt durch die Informationsgruppen auf dem neuesten Stand gehalten werden fällt die Projektimplementierung wesentlich leichter.

Haberfellner[29] weist darauf hin wie wichtig es ist nach erfolgreichem Projektabschluß die Übergangsbedingungen zu definieren und festzusetzen. Besonders wichtig ist es z.B. im Maschinen und Anlagebau bei externen Projekten die „...klare Übergabezeitpunkte und -prozeduren zu planen und einzuhalten", die auch vertraglich festgehalten werden sollen. Er empfiehlt eine Projektkontrolle durchzuführen um festzustellen ob insbesondere die Projektziele hinsichtlich der Projektkosten und des Projektnutzens eingehalten wurden. Es ist auch immer hilfreich für die Zukunft abzuleiten was gelernt wurde, welche Erfahrungen gesammelt werden konnten.

---

[28] Vgl. SAP Online Dokumentation
[29] Vgl. Haberfellner, R., Handwörterbuch der Organisation, Sp. 2098

Die Abschlußphase könnte mit einem feierlichem Übergangsfest in die Implementierungsphase eingeleitet werden. Wichtig ist für die zukünftige Projekte das erfolgreiche Funktionieren des Projektergebnisses in der Praxis zu verfolgen , kontrollieren und zu beurteilen.

5 Probleme, Vor- und Nachteile, Kritische Auseinandersetzung und Zusammenfassung

5.1 Voraussetzungen für Projekterfolg bei der SAP-Einführung; Konfliktquellen:

Am Bespiel der SAP Einführüng kann man die allgemeingültige Konfliktquellen, die gleichzeitig Erfolgsquellen sein können und wesentlich zu Projekterfolg beitragen können kennenlernen[30]

- personelle Ressourcen müssen über die gesamte Projektlaufzeit zur Verfügung stehen
- Arbeitskreiszusammensetzung sollte sich geringfügig bzw. nicht ändern
- starkes Engagement jedes Arbeitskreimitgliedes notwendig
- Rückendeckung durch das Management, da oft unkonventionelle Maßnahmen
- realisiert werden müssen
- Information der Führungsebene und der zukünftiger Anwender periodisch
- Akzeptanz für organisatorische Änderungen, da es um Systemänderung handelt
- Teamfähigkeit der Projektmitarbeiter
- Toleranz der Anwender für Übergangslösungen
- Sichtbare Projektteilerfolge sog. „Meilensteine" in vertretbarer Zeit realisieren

---

[30] Vgl. SAP, Online Dokumentation

5.2 Allgemeine Zusammenfassung

Projektorganisation gehört zu den effizientesten Organisationsformen überhaupt. Innerhalb kürzester Zeit werden Aufgaben bewältigt, die durch hohe Kompläxität gekennzeichnet sind, und in alten Organisationsstrukturen unverhältnismäßig viel Zeit und Geld in Anspruch nehmen würden.

Bühner hebt die Chance für Mitarbeiter hervor Führungserfahrungen zu sammeln, der alltäglichen Arbeit zu entfliehen, auf eine andere Art und Weise tätig zu werden und der „...Erstarrung der Organisationsstruktur durch Gewohnheit im Denken und Handeln entgegenzuwirken.[31]

Projektorganisation bringt auch viele Probleme mit sich. Bühner[32] weist auf Eingliederungsprobleme nach dem Projektabschluß hin, besonders bei der Reinen Projektorganisationsform.

Bei Erfolgsdefiziten kann es zu Spannungen kommen und dadurch zu Mitarbeiterrotationen, was wiederum Projektverlängerung, Erhöhung der Kosten zu Folge hat. Viel diskutiert wird auch die unzureichende Qualifikation des Projektleiters hinsichtlich seiner personellen und fachlichen Fähigkeiten.

Es kann vorkommen, daß bei unqualifizierter Führung Projektmitarbeiter ihre kreativen Potentiale nicht entwickeln, auf Fehler im Projektablauf nicht aufmerksam machen, an Zwecklosigkeit eigener Bemühungen zweifeln beim Fehlen eines Erfolgerlebnisses.

Ein wesentliches Problem bei der erfolgreichen Durchführung des Projektes sieht Haberfellner[33] in der Inkzeptanz im Unternehmen, besonders bei unklaren, unrealistischen, als unnötig betrachteten, zu teuren, durch die Unternehmensleitung theoretisch aber nicht praktisch unterstützten Zielen.

Unmut kann sich breit machen, stellt er fest, wenn die Logik des Vorgehens nicht erkennbar ist, zu bürokratisch, ohne Anwendung „...vernünftiger Arbeitstechnik hinsichtlich der Leitung und Organisation von Sitzungen", ohne Durchführung von Vereinbarungen, Zurückhaltung von Ergebnissen ist.

---

[31] Vgl. Bühner, R., Betriebswirtschaftliche Organisationslehre, 1991, S. 215
[32] Vgl. Bühner, R., Betriebswirtschaftliche Organisationslehre, 1991, S. 214
[33] Vgl. Haberfellner, R., Handwörterbuch der Organisation, Sp. 2092

Haberfellner sieht auch die Problemquelle in der Organisationsstruktur. Etwa bei falschen Eingliederung in der Hierarchie des Unternehmens, nicht funktionierendem Projektauschuß, unzureichender Mitarbeit und Kommunikation mit den Nutzern an dem Projekt, mit Projektleiterfunktion aber ohne dessen klare Kompetenzen.

Projektorganisation ist ohne Frage ein bewährtes, erfolgreiches, organisatorisches Konzept zu Lösung komplexer, zeitlich begrenzter Aufgaben. Durch Anwendung der gut durchdachten Projektorganisationstrukturen werden diese spezifische Aufgaben beschleunigt, indem man nur die entsprechenden Spezialisten zusammenführt, die sich i.d.R. nur an der Lösung der Projektaufgabe konzentrieren sollen, was, im Vergleich mit anderen Organisationsformen, Leistungssteigerungen als Ergebnis hat. Das führt wiederum zu Zeitersparnissen und bedeutet ein erhebliches Kostensenkungsfaktor, Effizienzerhöhung, Modernisierung - reine Wettbewerbsvorteile die heutzutage überlebenswichtig sind.

Literaturverzeichnis

Bleicher, K.   Organisation, 2. Auflage, Gabler Verlag,
                                Wiesbaden, 1991

Bühner, R.   Betriebswirtschaftliche Organisationslehre,
                                5. Auflage, R. Oldenbourg Verlag, München, 1991

Frese, E.   Grundlagen der Organisation, 6. Auflage,
                                Gabler Verlag, 1995

Schulte- Zurhausen, M.   Organisation, 1. Auflage, Vahlen Verlag, 1995

Schwarze, J.   Netzplantechnik, 6. Auflage, Neue Wirtschafts Briefe
                                Verlag, 1990

Staehle, W., H.   Management, 6. Auflage, Vahlen Verlag, 1991

Frese, E.,   Handwörterbuch der Organisation, 3. Auflage,
                                Peschel Verlag, 1992

SAP   Online Dokumentation

www.ingramcontent.com/pod-product-compliance
Lightning Source LLC
LaVergne TN
LVHW042258060326
832902LV00009B/1115